BEI GRIN MACHT SICH IHR
WISSEN BEZAHLT

Bibliografische Information der Deutschen Nationalbibliothek:

Die Deutsche Bibliothek verzeichnet diese Publikation in der Deutschen National-
bibliografie; detaillierte bibliografische Daten sind im Internet über http://dnb.d-
nb.de/ abrufbar.

Impressum:

Copyright © 2014 GRIN Verlag, Open Publishing GmbH
Druck und Bindung: Books on Demand GmbH, Norderstedt Germany
ISBN: 9783668572522

Dieses Buch bei GRIN:

http://www.grin.com/de/e-book/380420/trainingslehre-i-trainingsplanung-makro-
zyklus-und-mesozyklus

Carla Ribeiro Rekkab

Trainingslehre I. Trainingsplanung Makrozyklus und Mesozyklus

GRIN Verlag

GRIN - Your knowledge has value

Der GRIN Verlag publiziert seit 1998 wissenschaftliche Arbeiten von Studenten, Hochschullehrern und anderen Akademikern als eBook und gedrucktes Buch. Die Verlagswebsite www.grin.com ist die ideale Plattform zur Veröffentlichung von Hausarbeiten, Abschlussarbeiten, wissenschaftlichen Aufsätzen, Dissertationen und Fachbüchern.

Besuchen Sie uns im Internet:

http://www.grin.com/

http://www.facebook.com/grincom

http://www.twitter.com/grin_com

Deutsche Hochschule für

Prävention und Gesundheitsmanagement

Saarbrücken

Einsendeaufgabe

Fachmodul: Trainingslehre I

Studiengang: Bachelor in Ernährungsberatung

Datum
Präsenzphase: 20. – 23. Oktober 2014

Name, Vorname: Ribeiro, Carla

Studienort: Saarbrücken

Semester: SS 13

Inhaltsverzeichnis

1 Diagnose

1.1 Allgemeine und biometrische Daten

Die Nachfolgenden Daten beziehen sich auf eine reellen Person dessen Namen aus Datenschutzgründe hier nicht genannt wird.

1.1.1 Allgemeine Daten

Tab. 1: Allgemeine Daten

Persönliche Daten	
Datum:	01.November 2014
Name, Vorname	███████████████
Geschlecht	männlich
Geburtstagsdatum	19.01.1983 (31 Jahre)
Straße, Nr.	███████████████
PLZ, Wohnort	███████████████
Telefon	███████████████
Handy	███████████████
Email	███████████████
Familienstand / Kinder	Ledig / keine Kinder
Daten zur beruflichen Situation	
Beruf (seit wann)	Zahnarzt, seit 4 Jahren
Beweglichkeit	Überwiegend sitzend ☒
	Überwiegend stehend ☐
	Überwiegend in Bewegung ☐
Arbeitszeit	__5__ Tag(e) / Woche
	__9__ Stunde(n) / Tag
Arbeitsbelastung	niedrig ☐ mittel ☒ hoch ☐

Gesundheit	
Rauchen Sie?	ja ☐ nein ☒ selten/wenig ☐
Bluthochdruck	niedrig ☐ normal ☐ hoch ☒ unbek. ☐

Momentane körperliche Beschwerden	ja ☒ nein ☐
	Wenn ja, wo: _unterer Rücken_
	
	Auf eine Stufe von 1 – 10. Wie stark sind Ihre Schmerzen?
	1 – 2 - 3 – 4 – 5 –⑥– 7 – 8 – 9 – 10
	   1 = leichte Schmerzen (< 1 Stunde täglich)
	   10 = sehr starke schmerzen ($\geq$10 Stunden täglich)

Orthopädische Erkrankungen	ja nein Familie Bandscheibenvorfall ☐ ☒ ☐ Skoliose ☐ ☒ ☐ Arthritis ☐ ☒ ☒ Osteoporose ☐ ☒ ☐ Morbus Scheuermann ☐ ☒ ☐ Fehlstellungen ☐ ☒ ☐ Sonstiges: _Bandscheibenvorfall mittels MRT durch_ _Orthopäden ausgeschlossen_
Zurzeit in ärztlicher Behandlung	ja ☐ nein ☒ Wenn ja, wo und seit wann? _____
Zurzeit in physiotherapeutischer Behandlung	ja ☐ nein ☒ Wenn ja, wo und seit wann? _____
Internistische Erkrankungen	ja nein Familie Diabetes I oder II ☐ ☒ ☐ Asthma ☐ ☒ ☐ Brocnchitis ☐ ☒ ☐ Schilddrüsefehlfunktion ☐ ☒ ☐ Herzinfarkt ☐ ☒ ☐ Schlaganfall ☐ ☒ ☐ Sonstiges _____

Gesundheit

Operationen	ja ☐ nein ☒ Wenn ja, welche: _____
Medikamentenein-nahmen	ja ☐ nein ☒ Wenn ja, welche: _____
Letzter Check-Up / Blutuntersuchung beim Arzt	09.___ März___ 2014 Tag Monat Jahr Auffällig ☐ Unauffällig ☒

Sportliche Betätigung

Zurzeit sportlich aktiv	ja ☒ nein ☐ selten/wenig ☐

Aktuelle sportliche Aktivitäten	Aktivitäten	Leistungs-stufe	Seit wann?	Wie oft?	Wie lange?
	Fitnessstudio (Krafttraining am Gerät)	Fortge-schritten	2 Jahre	2-3 x / Woche	1 - 1,5 Std.
	Squasch	Anfänger	6 Monate	1x/Monat	45 Min.

Frühere sportliche Aktivitäten	Aktivitäten	Leistungs-stufe	Wann?	Wie oft?	Wie lange?
	Kayaking (Rudern, Paddeln, Aqua Polo)	Fortge-schritten (5 Jahre lang)	Vor ca. 12 Jahre	2 x Woche	2 Std.
	Schwimmen	Fortge-schritten (3 Jahre lang)	Vor ca. 15 Jahre	3 x Woche	2 Std.

Zeitbudget momentan	
	Traingshäufigkeit / Woche: 3 x Woche
	Trainingsdauer / Einheit: ca. 1,5 Stunde/n
	Bevorzugter Tageszeit: abends

Sportliche Betätigung	
Trainingsmotive/ Wünsche / Ziele	☐ Muskelaufbau ☐ Körperlicher Wohlbefinden ☒ Fettreduktion ☐ Mehr Ausdauer ☐ Mehr Beweglichkeit ☒ Schmerzlinderung ☐ Ausgleich zum Beruf ☐ Hautstraffung ☒ Sonstiges: <u>Blutdruck senken</u>

1.1.2 Biometrische Daten

Tab. 2: Biometrische Daten

Biometrische Daten		Norm	Bewertung
Geschlecht	Männlich	/	/
Gewicht	90 Kilogramm	/	/
Körpergröße	186 cm	/	/
Body-Mass-Index	$BMI = Kg : m^2$ $BMI = 26,01$	18,5 – 24,9 (vgl. Tab. 5)	Übergewicht
Taille-Hüft-Quotient	THQ=Taille:Hüfte THQ = 90 : 110 = 0,82 m	> 94 cm (vgl. Tab. 4)	Normal
Körperfettanteil %	BIA -Analyse = 19,4%	8 – 20 % (vgl. Tab. 6)	Normal
Herzfrequenz in Ruhe	66 HF	60-80 (vgl. Tab. 7)	Normal
Blutdruck	141 / 89 mmHg	Unter 139 / 89 mmHg (vgl. Tab. 3)	Hypertonie Stufe I

1.1.3   Klassifikationen

Tab. 3:   Blutdruckklassifikation der American Heart Association (American Heart Association; zitiert nach Israel & Fikenzer, 2013, S. 173)

Wertung	Systolischer Blutdruck	Diastolischer Blutdruck
Normblutdruck (Normotonie)		
Optimal	unter 120 mmHg	unter 80 mmHg
Normal	unter 130 mmHg	unter 85 mmHg
Hochnormal	130-139 mmHg	85-89 mmHg
Bluthochdruck (arterielle Hypertonie)		
Stufe 1	140-159 mmHg	90 – 99 mmHg
Stufe 2	160-179 mmHg	100 – 109 mmHg
Stufe 3	>180mmHg	>110 mmHg

Tab. 4:   Taillenumfangs nach International Diabetes Federation (International Diabetes Federation, 2005; zitiert nach Luppa, 2014, S. 230)

Taillenumfang (cm)	Erhöhtes Risiko für Herz-Kreislauf-Erkrankungen
Männer	> 94 cm
Frauen	> 80 cm

Tab. 5:   Klassifikation BMI nach WHO (WHO, 2000; zitiert nach Luppa, 2014, S. 227)

Kategorie	BMI (kg/m^2)
Untergewicht	< 18,5
Normalgewicht	18,5 – 24,9
Übergewicht	25,0 – 29,9
Adipositas Grad I	30,0 – 34,9
Adipositas Grad II	35,0 – 39,9
Adipositas Grad III	> 40

Tab. 6:   Klassifikation des Körperfettanteils nach Gallagher, D., Heymsfield, S. B., Heo, M., Jebb, S. A., Muratroyd, P. R. & Sakamoto, Y. (Gallagher, D., Heymsfield, S. B., Heo, M., Jebb, S. A., Muratroyd, P. R. & Sakamoto, Y. 2000; zitiert nach Luppa, 2014, S. 224)

Alter	KFA Frauen				KFA Männer			
(Jahre)	niedrig	normal	hoch	Sehr hoch	niedrig	normal	hoch	Sehr hoch
20-39	< 21%	21 - 33%	33 - 39%	≥ 39%	< 8%	8 - 20%	20 - 25%	≥ 25%
40-59	< 23%	23 - 34%	34 - 40%	≥ 40%	< 11%	11 - 22%	22 - 28%	≥ 28%
60-79	< 24%	24 - 36%	36 - 42%	≥ 42%	< 13%	13 - 25%	25 - 30%	≥ 30%

Tab. 7:   Klassifikation des Ruhepulses für Erwachsene (Schneider, Wolcke & Böhmer, 2010, S. 559)

Altersstufe		Herzfrequenz (Schläge/min)
Erwachsener	(>18 Jahre)	60 – 80

1.1.4 Bewertung der Daten

Bewertung allgemeine Daten:

Der Kunde ist seit 4 Jahren als Zahnarzt tätig. Im Rahmen seiner Tätigkeit, die überwiegend sitzend ist, nimmt er zumeist eine sternosymphysale Körperhaltung ein. Seit seinem Berufseinstieg hat er insbesondere nach längerem Arbeiten einen Rückenschmerz im LWS Bereich – ein sog. LWS Syndrom. Im Rahmen der Anamnese bewertet der Kunde seine Schmerzen anhand einer Schmerzskala, wobei 1 = leichte Schmerzen (bis zu 1 Stunde täglich) und 10 = sehr starke Schmerzen ($\geq$10 Stunden täglich) bedeuten. Er bewertet den Schmerz aktuell laut Schmerzskala auf Stufe 6 von 10. Strukturelle Wirbelsäulenerkrankungen wurden vom Orthopäden durch Bildgebung ausgeschlossen. Internistische Erkrankung sind keine bekannt. Das vom Kunden genannte Zeitbudget ist realistisch für ein ausgewogenes Krafttraining. Da schon 2 Jahre Vorerfahrung im Bereich Krafttraining bestehen, kann der Kunde als Fortgeschrittener eingestuft werden.

Bewertung Biometrische Daten :

Der Kunde hat im Vorfeld zur Eingangsbesprechung ein Blutdruck- und ein Pulsmessgerät überreicht bekommen. Entsprechend der Leitlinie gilt es, dass der Kunde an 2 verschiedenen Tagen mindestens 3 Blutdruckmessungen durchführt und diese notiert. (Herold, 2013, S. 305). Das Ergebnis der Messung war beim Blutdruck 141 / 89 mmHg bei einer Ruheherzfrequenz 66 HZ. Anhand der Blutdruckklassifikation wird der Kunde in der Hypertonie Stufe I eingestuft (vgl. Tab. 3). Für unseren Trainingsplan bedeutet das, dass der Kunde sportlich voll belastbar ist (Von Victor, 1973, S.51). Mit einer Ruheherzfrequenz von 66 HZ liegt der Kunde laut der Klassifikation des Ruhepulses für Erwachsene im Normalbereich (vgl. Tab. 7). Der Taillienumfang des Kunden liegt ebenfalls im Normalbereich (vgl. Tab. 4). Der BMI-Wert liegt im Bereich „Übergewicht" (vgl. Tab. 5).

Bei der Analyse des Körperfettanteils wurde mittels der BIA-Analyse eine Körperfettmessung gemacht. Der gemessene Wert von 19,4% Köperfettanteil liegt dabei gerade noch im Normalbereich (vgl. Tab. 6).

1.2 Krafttestung / sportmotorischer Test

„Die Fähigkeit, situationsadäquate Kräfte explosiv, maximal und auch repetitiv zu ent-
falten, gehört zu den fundamentalen Eigenschaften des menschlichen Organismus und
bildet eine wichtige Voraussetzung für die Bewältigung verschiedenster motorischer
Aufgaben in Beruf, Freizeit und Sport. Entsprechend nimmt die Diagnose des Kraftver-
haltens im Rahmen präventiver und Rehabilitativer Fragestellungen einen zentralen
Stellenwert ein." (Schlumberger & Schmidtbleicher, 2000, S. 223).

Mit dem Kunden wurde die Krafttestung mit einen X-RM-Test (Mehrwiederholungskrafttest) durchgeführt. Der X-RM-Test ermittelt das maximale Gewicht das der Kunde
bewältigen kann in Abhängigkeit einer vorher festgelegten Wiederholungszahl innerhalb einer Übung. Der Kunde wird durch seine Vorkenntnisse im Bereich Krafttraining
als Fortgeschrittener eingestuft und somit ist die Eingewöhnungsphase bereits erfolgt.
Das Trainingsalter ist laut dem Grobraster zur Trainingsplanung nach der ILB-Methode
ein Fortgeschrittener (Strack & Eifler, 2005, S. 153).

Tab. 8:   Grobraster zur Trainingsplanung nach der ILB-Methode (Strack & Eifler, 2005, S. 153)

Leistungsstufe	Zeitstufe (Monate)	Orga.-form	Einheiten/ Woche	Übungen/ Muskel	Sätze/ Übungen	Intensität in % ILB
Orientierungs-stufe	0 – 1,5	GK	1-2	1-2	1-2	gering
Beginner	1,5 – 6	GK	2	1-2	1-2	50-70 %
Geübter	6 – 12	GK/ Split	2-3	2	2	60-80%
Fortgeschrittener	> 12-36	GK/ Split	3-4	2-3	2-3	70-90%
Leistungs-trainierender	> 36	GK/ Split	4-6	2-4	3-4	80-100%

GK   = Ganzkörpertraining
Split = Split-Training

1.2.1 Testablauf

Tab. 9: Methodischer Ablauf eines Mehrwiederholungskrafttest zur Ermittlung des X-RM (Zimmer, 1999; Eifler, 2000; modifiziert nach Eifler, 2014, S. 122)

Mehrwiederholungskrafttest (X-RM-Test / ILB-Test)	
1. Schritt	Allgemeines Aufwärmen an einem Ausdauergerät circa 5-10 Minuten (z.B. Stepper, Laufband, Fahrrad etc.) Spezielles Aufwärmen am Testgerät (1 Satz circa 15 Wiederholungen mit geringem Gewicht um Verletzungsrisiken zu minimieren)
2. Schritt	1.Testsatz • Festlegung der krafttrainingsspezifischen Ziele, der entsprechenden Wiederholungszahl und der Übungen • Z.B. Testgewicht Lat-Zug mit 30% des eigenen Körpergewichts • Durchführung des Tests an allen anderen Geräten und Übungen
3. Schritt	Bei Bedarf ein 2. und 3. Mal den Test durchführen mit jeweils 3 Minuten Pause dazwischen um einen Kraftverlust zu reduzieren: Steigerung der Gewichtslast um 5%, 10% oder 25% je nach subjektivem Belastungsempfinden des Kunden
4. Schritt	Umsetzung der Intensitäten (prozentual) in die Trainingsplanung

1.2.2 Testergebnisse

Tab. 10: 15-RM-Test (ILB-Test) für Mesozyklus I

15-RM Test (Mesozyklus I)					
Übungen	Wdh.	1. Testsatz	2. Testsatz	3. Testsatz	Ergebnis
Lat-Zug weit zur Brust am Zuggerät	15	30 Kg	35 Kg	/	35 Kg
Rudermaschine (Zug horizontal eng)	15	30 Kg	35 Kg	40 Kg	40 Kg
Rückenaufrollen 45° Rückenstreckbank	15	/	/	/	/
Rumpfbeugen an der Bauchmaschine	15	25 Kg	30 Kg	/	30 Kg
Rumpfseitbeugen am Kabelzug	15	10 Kg	15 Kg	/	15 Kg
Rumpfrotation mit Seilzug	15	20 Kg	25 Kg	/	25 Kg
Beine heben im Stütz	15	/	/	/	/
Beinpresse horinzontal sitzend	15	80 Kg	85 Kg	90 Kg	90 Kg

1.2.3 Schlussfolgerungen / Bewertung der Testergebnisse

Der Kunde arbeitet seit vier Jahren als Zahnarzt und hat vor circa zwei Jahre mit dem Krafttraining im Fitnessstudio angefangen mit dem Ziel die Schmerzen im unteren Bereich des Rückens zu beheben und um einen Ausgleich zum sitzenden Beruf zu schaffen. Der Kunde kennt sich bereits mit den Geräten aus und braucht deshalb keine Orientierungsphase. Er ist aufgrund seiner zweijährigen Fitnessstudioerfahrung laut ILB-Grobraster (vgl. Tab. 8) als Fortgeschrittener einzustufen. Der Kunde hat nach seinem subjektiven Belastungsempfinden und seiner täglichen körperlichen Verfassung seinen eigenen Trainingsplan gestaltet. Ein Training, entsprechend eines professionell auf den Kunden abgestimmten Trainingsplans, wurde bisher nicht durchgeführt.

Die Flexoren und Extensoren der Transversalachse der Wirbelsäule, die Lateralflexoren der Sagittalachse der Wirbelsäule und die Rotatoren der Longitudinalachse der Wirbelsäule sind im Vergleich schwächer als die übrige Muskulatur. Der untere Rumpfbereich sollte demnach für die nächsten Mesozyklen trainiert werden um die Stabilisatoren der Wirbelsäule zu stärken (Gottlob, 2013, Seite 171-173).

Bedingt durch viele Einflussfaktoren bzw. Störgrößen lässt der X-RM Test (Mehrwiederholungskrafttest) wie auch der 1-RM Test (Maximalkrafttest) keine Normierung hinsichtlich interindividueller Maximalkraftwerte zu. Jedoch eignet sich der X-RM Test bei exakter Standardisierung gut zum intraindividuellen Leistungsvergleich. Damit ist gemeint, dass im Rahmen einer persönlichen Leistungssteigerung sich dieses auch gut im Test wiederspiegelt. Eine Trainingsmethode die sich der ermittelten Trainingintensitäten des X-RM Tests bedient ist die „Individuellen-Leistungsbild-Methode" (kurz: ILB Methode). Sie findet Anwendung im Bereich des kommerziellen Fitness- und Gesundheitsports (Strack und Eifler, 2005, S. 153-163). Sie bietet die Möglichkeit über einem Grobraster die Fähigkeiten des Kunden einzuordnen (vgl. Tab. 8). Eine Trainingsdokumentation erfolgt mittels eines Trainingsplans in dem Übungen, Sätze und Wiederholungen festgehalten werden (Eifler, 2000, 2013; Zimmer, 1999; zitiert nach Eifler, 2014, S.157).

Im Rahmen des ILB-Grobrasters wird der Kunde als Fortgeschritten eingestuft. Es resultiert daraus eine Intensität von 70-90% der Maximalkraft je nach Übung, welche mit dem X-RM Test im Vorfeld ermittelt wurde sowie einer Trainingshäufigkeit von max. 3x/Woche (vgl. Tab. 8). Mehr als 3x/Woche bedingt nur eine geringe Leistungssteigerung und ist bei dem Kunden bedingt durch seine starke berufliche Belastung nicht als realistisch zu erachten (Fröhlich & Schmidtbleicher, 2008, S. 4-12).

Nach jedem Mesozyklus wird ein neuer X-RM-Test (ILB-Test) mit den geplanten Wiederholungszahlen durchgeführt damit die Trainingsintensitäten für den nächsten Mesozyklus ermittelt werden können.

2 Zielsetzung / Prognose

Tab. 11: Ziele des Kunden

Ziel / Inhalt	Ausmaß	Zeit
Schmerzlinderung	Schmerzskala von Stufe 6 auf Stufe 3	6 Monate
Gewichtsreduktion	Reduktion von 5 Kg des eigenen Körpergewichts - von 90 Kg auf 85 Kg	6 Monate
Blutdrucksenkung	Aktuell 141/89 Ziel: unter 139/89 mmHg	6 Monate

Schmerzlinderung:

Zum Einen geht es dem Kunden darum dauerhaft den Rückenschmerz zu lindern da er ihn bei der Arbeit als sehr belastend empfindet. Zum Anderen ist es sein Ziel Schlimmeres wie z.b. einen Bandscheibenvorfall zu verhindern, da dies in seinem Fall zur Berufsunfähigkeit führen würde. Ein Regelmäßiges Training kann hier Fehlhaltungen mit entsprechenden Konsequenzen vorbeugen und wirbelsäulenstabilisierende Muskelgruppen stärken (Gottlob, 2013, Seite 171-173).

Gewichtsreduktion:

Der Kunde möchte aufgrund seines erhöhten BMI's, sein eigenes Körpergewicht innerhalb von 6 Monate um 5 Kilogramm reduzieren. Die Fettreduktion und Gewichtsreduktion wird als wichtig erachtet, da eine Hyperlipidämie ebenso wie eine Adipositas Risikofaktoren für Arteriosklerose darstellt und damit kardiovaskuläre Komplikationen wie Herzinfarkt, Schlaganfall und pAVK begünstigt (Herold, 2013, S. 239). Des Weiteren ist ein erhöhtes Gewicht mit Arthrose in den Gelenken vergesellschaftet, so dass der Kunde auch hier durch eine Gewichtsreduktion profitiert.

Blutdrucksenkung:

Ebenso wie ein erhöhtes Körpergewicht und eine Hyperlipidämie begünstigt ein erhöhter Blutdruck Arteriosklerose und damit die kardiovaskuläre Komplikationen wie schon oben erwähnt (Herold, 2013, S. 239). Mit einem Blutdruck von 141 mmHg systolisch wird der Kunde als Hypertoniker der Stufe I eingestuft (vgl. Tab. 3). Eine Reduktion des Blutdrucks ist somit im Zusammenspiel mit Übergewicht und einem stressreichen Beruf dringend anzuraten (Herold, 2013, S. 239-240).

3 Trainingsplanung Makrozyklus

3.1 Makrozyklus

Tab. 12: Makrozyklus für 6 Monate

Makrozyklus				
	Umfangsorientiert		Leistungsorientiert	
	Mesozyklus I	Mesozyklus II	Mesozyklus III	Mesozyklus IV
Zyklusdauer	8 Wochen	8 Wochen	8 Wochen	4 Wochen
Trainingsziel	Kraftausdauer	Kraftausdauer / Übergangstraining	Hypertrophie (extensiv)	Hypertrophie Maximal (intensiv)
Organisationsform	Ganzkörpertraining / Station	Ganzkörpertraining / Station	Ganzkörpertraining / Station	Ganzkörpertraining /Station
Trainingseinheiten / Woche	3	3	3	3
Übungen / Muskelgruppe	1	1	1-2	1-2
Sätze / Übung	2-3	2-3	2-3	2-3
Intensität	70-90 % ILB	70-90 % ILB	70-90 % ILB	70-90 % ILB
Wiederholungen	15	12	10	7
Satzpausen	60 Sek.	60 Sek.	60 Sek.	90 Sek.
Bewegungstempo	2/0/2	2/0/2	3/0/1	3/0/x

3.2 Makrozyklus - Begründung

3.2.1 Wahl der Trainingsmethode

„Aus sportwissenschaftlicher Sicht ist Training ein komplexer Handlungsprozess mit dem Ziel der planmäßigen und sachorientierten Einwirkung auf die sportliche Leistungsentwicklung" (Röthig, 1983, S.418).

Für den Kunden wurde ein 6 monatiger Trainingsplan nach der ILB-Methode erstellt. Die ILB-Methode ist im kommerziellen Fitness- und Gesundheitsports eine bewährte Methode und bietet die Möglichkeit entsprechend der Leistungsstufe des Kunden alle Belastungsparameter im Grobraster herauszulesen. Im Grobraster wird der Kunde als fortgeschritten eingestuft, da er seit 2 Jahren Krafttraining am Gerät betreibt (Strack und Eifler, 2005, S. 153).

3.2.2 Belastungsparameter

Trainingseinheiten / Woche:

„Betrachtet man die Effektstärken als quantitatives Maß zur Beurteilung von Trainingsinterventionen über verschiedene Trainingshäufigkeiten (1 bis 6 Trainingseinheiten pro Woche) so lässt sich generell feststellen, dass zwei, drei und vier Trainingseinheiten zu größeren Steigerungen der Maximalkraft führen, als eine, fünf oder sechs Trainingseinheiten" (Fröhlich & Schmidtbleicher, 2008, S. 4).

Unter dem Gesichtspunkt der Effizienz werden 2-3 Trainingseinheiten pro Woche in mehreren Studien als optimal angesehen (Fröhlich & Schmidtbleicher, 2008, S. 4). Da der Kunde wenig Zeit, jedoch einen schnellen Erfolg erzielen möchte sind 3 Tage ausreichend für seine Bedürfnisse.

Übungen / Muskelgruppe:

Zur Eingewöhnung macht der Kunde in den ersten zwei Mesozyklen eine Übung pro Muskelgruppe. Es handelt sich dabei um ein umfangorientiertes Krafttraining mit vielen Wiederholungen. Ziel ist es die intramuskuläre Koordination, den laktaziden Muskelstoffwechsel sowie die Kraftausdauerleistung zu verbessern (Gottlob, 2013, S. 50-51). Dabei geht es hauptsächlich darum den Körper des Kunden auf die zwei sich anschließenden Mesozyklen mit Fokus auf ein intensitätsorientiertes Training vorzubereiten. Während dieser zwei Mesozyklen führt der Kunde dann zwei Übungen pro Muskelgruppe durch, wobei die Wiederholungszahl sinkt. Mit entsprechender Regenerationszeit resultiert eine Steigerung der Muskelmasse und der Kraft (Gottlob, 2013, S. 127).

<u>Sätze / Übungen:</u>

Entsprechend der Leistungsstufe des Kunden wurden im Rahmen des Grobrasters der ILB-Methode 2 Sätze pro Übung ausgewählt (Strack & Eifler, 2005, S. 153).

<u>Intensität:</u>

Entsprechend der Leistungsstufe des Kunden wurde im Rahmen des Grobrasters der ILB-Methode eine Trainingsintensität von 70-90% des im X-RM Tests ermittelten Maximalkraft ausgewählt (Strack & Eifler, 2005, S. 153).

3.2.3   Organisationsformen

Da der Kunde ein Freizeit und Gesundheitssportler ist und nur 3 mal pro Woche trainieren kann ist in seinem Fall das Ganzkörpertraining Mittel der Wahl. (Fröhlich, Schmidtbleicher, 2008, S.5)

3.2.4   Periodisierung

„Periodisierung ist die Festlegung einer Folge von Perioden, deren inhaltliche, belastungsmäßige und zyklische Gestaltung die Herausbildung der optimalen sportlichen Form für einen bestimmten Zeitraum des Periodenzyklus ansteuert." (Martin, Carl & Lehnertz, 1993, S. 247).

Für den Kunden wurde eine lineare Periodisierung (Fröhlich, 2014, S.9) im Rahmen des Makrozyklusses ausgewählt. Wie schon oben beschrieben wird in den ersten 2 Mesozyklen ein umfangorientiertes Training und in den anschließenden 2 Mesozyklen ein intensitätsorientiertes Training absolviert. Die ersten drei Mesozyklen dauern 8 Wochen und der letzte Mesozyklus im Rahmen der intensivsten Phase nur 4 Wochen an. Da der Kunde beruflich stark eingebunden ist, ist es wichtig, dass er durch das Training nicht weiteren Stress erfährt. Aus diesem Grund wurde darauf geachtet möglichst lange Zyklen mit gleichen Übungen zu schaffen. Durch die Wahl von nur 4 Mesozyklen in einem halben Jahr wird zusätzlich auch die zeitliche Belastung durch Reevaluationen im Rahmen der ILB-Tests zwischen den Zyklen reduzieren. Zusätzlich wurde der intensivste Mesozyklus kurz gehalten (Güllich, Krüger, 2013, S. 456-458).

4 Trainingsplanung Mesozyklus

4.1 Mesozyklus

Tab. 13:   Mesozyklus I

Mesozyklus I											
Zyklusdauer	8 Wochen (ab Mo. 10.11.2014)		**Sätze / Übung**		2-3						
Trainingsziel	Kraftausdauer		**Intensität**		70-90 % ILB						
Organisationsform	Ganzkörpertraining / Station		**Wiederholungen**		15						
Trainingseinheiten / Woche	3 (Mo, Mi, Sa)		**Satzpausen**		60 Sek.						
Übungen / Muskelgruppe	1		**Bewegungstempo**		2/0/2						
Allgemeines Aufwärmen	5-10 Minuten (Cross-Trainer, Fahrrad, Laufband)										
Spezielles Aufwärmen	50 % des Arbeitsgewichtes (Gerät/Übung)										

Übungen	Wiederh.	Ergebnis ILB (100%)	Woche 1 70% ILB	Woche 2 75% ILB	Woche 3 75% ILB	Woche 4 80% ILB	Woche 5 80% ILB	Woche 6 85% ILB	Woche 7 85% ILB	Woche 8 90% ILB
Lat-Zug weit zur Brust am Zuggerät	15	35 Kg	25 Kg	26 Kg	26 Kg	28 Kg	28 Kg	30 Kg	30 Kg	32 Kg
Rudermaschine (Zug horizontal eng)	15	40 Kg	28 Kg	30 Kg	30 Kg	32 Kg	32 Kg	34 Kg	34 Kg	36 Kg
Rückenaufrollen 45° Rückenstreckbank	15	/	/	/	/	/	/	/	/	/
Rumpfbeugen an der Bauchmaschine	15	30 Kg	21 Kg	23 Kg	23 Kg	24 Kg	24 Kg	26 Kg	26 Kg	27 Kg
Rumpfseitbeugen am Kabelzug	15	15 Kg	10,5 Kg	11 Kg	11 Kg	12 Kg	12 Kg	13 Kg	13 Kg	14 Kg
Rumpfrotation mit Seil-zug	15	25 Kg	18 Kg	19 Kg	19 Kg	20 Kg	20 Kg	21 Kg	21 Kg	23 Kg
Beine heben im Stütz	15	/	/	/	/	/	/	/	/	/
Beinpresse horinzontal sitzend	15	90 Kg	63 Kg	68 Kg	68 Kg	72 Kg	72 Kg	77 Kg	77 Kg	81 Kg

Allgemeines Abwärmen	10-20 Minuten (Cross-Trainer, Fahrrad, Laufband)
Spezielles Abwärmen	Stretching der beanspruchten Muskulatur

4.2 Übungsauswahl - Begründung

Aufwärmen

Zu Beginn jeder Trainingseinheit sollte eine 5 – 10 minütige Aufwärmphase erfolgen. Unabhängig, von der Sportart wird dieser folgende Wirkungen zugeschrieben (Freiwald, 1991, S. 27):

1. Verbesserung der allgemeinen organischen Leistungsbereitschaft
2. Verbesserung der koordinativen Leistungsbereitschaft
3. Optimierung der psychischen Leistungsbereitschaft
4. Vorbeugende (präventive) Funktionen der Verletzungsvorsorge

Das Ziel des „Allgemeinen Aufwärmens" auf einem niedrigen Belastungsniveau ist die Köpertemperatur zu steigern, das Herz-Kreislauf-System zu aktivieren und die Psyche auf die vorstehende Belastung einzustimmen (Höltke, 2003, S. 99). Im Zentrum des speziellen Aufwärmens steht vor allem die Vorbereitung des Nervensystems und die Muskulatur spezifisch auf die nachfolgende Übung. So wird vor jeder Übung ein Satz mit geringem Gewicht durchgeführt (Höltke, 2003, S. 99).

Übungen

Der Trainingsplan des Kunden ist auf die eingangs besprochenen Rückenbeschwerden ausgerichtet. Nachweislich sind 85-90% der Rückenschmerzen myofaszial bedingt. Insbesondere Personen mit sitzenden statischen Tätigkeiten wie unser Kunde sind davon betroffen (Leinmüler, 2008, S. 31-32).

So resultiert beispielsweise eine übermäßige Beckenkippung nach vorn durch wenig trainierte und überdehnte Bauchmuskulatur. „Hierbei wird die Lendenwirbelsäule durch eine zunehmende Verkürzung der autochtonen Rückenmuskeln übermäßig lordotisch. Diese Haltung wird durch den zur Verkürzung neigendenden M. iliopsoas unterstützt" (Schünke, Schulte, Schumacher, Voll & Wesker, 2004, S.131). Zusätzlich ist dieser meist durch lange sitzende Tätigkeiten zu schwach. Mittels der Übung „Beine Heben im Stütz" wird dem bei unserem Kunden entgegen gewirkt (Gottlob, 2013, S. 223-224).

Durch einen Ausgleich entsprechender muskulären Dysbalancen kann eine Schmerzreduktion erreicht werden und Bandscheibenvorfällen vorgebeugt werden (Leinmüler, 2008, S. 31-32).

Ziel des Rückentrainings ist es die statische Fehlbelastung des Alltags mittels dynamischen Training im vollem Bewegungsumfang entgegenzuwirken (Gottlob, 2013, S. 182-

183). Es gilt dabei die sogenannten sieben muskulären Sicherungssysteme der Wirbelsäule zu stärken. Dazu gehören die Rückenstrecker (Rückenaufrollen 45° Rückenstreckbank), die seitlichen Bauchmuskeln (Rumpfseitbeugen am Kabelzug), der Latisimus dorsi (Lat-zug weit zur Brust am Zuggerät) und der oberflächliche Anteil des Gluteus maximus (Beinpresse horinzontal sitzend), die geraden Bauchmuskeln (Rumpfbeugen an der Bauchmaschine), der M. Psoas, (Beine heben im Stütz) die sogenannte Beckenstellende Muskulatur (u.a. Iliopsoas, Rectus femoris etc.) sowie die HWS-Muskulatur inkl. des M. trapezius pars descendens). Insbesondere der muskulären Verspannung der Fascia thoracolumbalis wird dabei eine Wirbelsäulen stabilisierende Funktion zugesprochen (Gottlob, 2013, S. 171-173).

Es wurde auf eine optimale Trainingszusammenstellung geachtet. Die Geräteauswahl des Kunden richtet sich genau nach diesen Gegebenheiten und zielt darauf ab die genannten Muskeln zu stärken um einen entsprechenden wirbelsäulenstabilisierenden Effekt zu erzielen und den Patienten langfristig von Schmerzen und Folgeschäden zu befreien (Gottlob, 2013, S. 171-173).

Bei der Reihenfolge der Übung wurde nach dem Prioritätsprinzip strukturiert. Muskelgruppen mit hoher Priorität sollen vor Muskeln mit niedriger Priorität trainiert werden. Es werden die Schwachpunkte direkt zu Anfang einer Trainingseinheit trainiert um die geforderte Intensität und Konzentration während der Übung zur erbringen (Pauls, 2011, S. 144).

Im Hinblick auf den erhöhten Blutdruck des Kunden gilt die kardioprotektive Wirkung eines moderaten Krafttrainings mit etwa 10 Übungen als gesichert (Zwick, 2004, S. 55-56). Somit kann entgegengesetzt der breiten Meinung ein moderates Krafttraining den Blutdruck signifikant senken (Taaffe, Galvao, Sharman & Coombers, 2007, S. 96). Durch das Training kommt es insgesamt zu einem Zuwachs der Muskelmasse und dadurch zu einer Erhöhung des Grundumsatzes. Zusätzlich wird auch der Leistungsumsatz durch ein regelmäßiges Training erhöht. Dementsprechend resultiert bei entsprechender Ernährung auch die als Ziel definierte Gewichtsreduktion (Rometsch, 2010, S. 8).

Abwärmen

Nach der Trainingseinheit erfolgt ein cool down mit dem Ziel einer schnellen und qualitativ hochwertigen Erholung und Regeneration. Zu diesem Zweck erfolgt erst einmal ein allgemeines Abwärmen ca. 10 min auf einem Ausdauergerät mit niedrigerer Intensität (Herzfrequenz ca. 110 bis 120/min). Sich daran anschließend wird ein spezielles Abwärmen durchgeführt. Es erfolgt ein Stretching der beanspruchten Muskulatur, welches eine wichtige gezielte Regenerationsmaßnahme nach dem Sport darstellt. Der Muskeltonus wird dabei gesenkt und es wird Verletzungen vorgebeugt (Höltke, 2003, S. 100-101).

5 Literaturrecherche

Für die Literaturrecherche wurden zwei wissenschaftliche Studien zum Thema „Effekte des Krafttrainings bei arterieller Hypertonie" untersucht.

5.1 Wissenschaftliche Studie I

Die Studie „Effects of High Intensity Resistance Training on Arterial Stiffness and Wave Reflection in Women" wurde von Cortez-Cooper, DeVan, Anton, Farrar, Beckwith, Todd & Tanaka im Jahr 2005 im American Journal of Hypertension (S. 930-934) von der Oxford Univertsity Press veröffentlicht.

Die Intervention wurde an 23 jungen, gesunden Frauen im Alter von 29 Jahre (+/- 1 Jahr) durchgeführt. Weitere 11 Frauen im Alter von 27 Jahre (+/- 2 Jahre) dienten als Kontrollgruppe (Cortez-Cooper, DeVan, Anton, Farrar, Beckwith, Todd & Tanaka, 2005, S. 931).

Die Interventionsgruppe wurde 11 Wochen lang viermal pro Woche trainiert. Das Trainingsprogramm beinhaltete ein intensives Krafttraining, wobei eine Periodisierung von harten und leichten Trainingstagen vorgenommen wurde. Das Training wurde innerhalb der 11 Wochen intensiviert und es wurde an den harten Trainingstagen innerhalb einer Übung bis zur maximalen Erschöpfung trainiert. Es wurden vor Beginn der 11 Wochen und im Anschluss folgende Werte erhoben und miteinander Verglichen: Blutwerte (wie z.B. Cholesterin, Triglyceride), AI (carotide augmentation index), PWV (pulse wave velocity), Blutdruck sowie der ABI (Arm-Bein-Index) (Cortez-Cooper, DeVan, Anton, Farrar, Beckwith, Todd & Tanaka, 2005, S. 931-932).

Die Studie ergab, dass ein intensives Krafttraining die Elastizität der arteriellen Gefäße bei jungen Frauen signifikant vermindert. (Cortez-Cooper, DeVan, Anton, Farrar, Beckwith, Todd & Tanaka, 2005, S. 933).

5.2 Wissenschaftliche Studie II

Die Studie „Reduced central blood pressure in older adults following progressive resistance training" wurde von Taaffe, Galvao, Sharman & Coombers im Jahr 2007 im Journal of Human Hypertension (S. 96-98) von der Nature Publishing Group veröffentlicht.

An der Studie haben 17 kardiovaskulär gesunde ältere Herren (n=12) und Damen (n=5) (69+/-4,7 Jahre) mit einem BMI von 25,8(+/-2,7) kg/m^2 teilgenommen (Taaffe, Galvao, Sharman & Coombers, 2007, S. 96).

Das zu untersuchende Kollektiv hat 20 Wochen lang 2 mal pro Woche 7 Übungen für den Oberkörper und Unterkörper durgeführt. Davon haben 9 Personen 3 Sets pro Übung und 8 Personen 1 Set pro Übung durchgeführt. Es wurde im Vorfeld als auch im Anschluss der Testphase der Blutdruck am dominanten Arm, die Herzfrequenz in Ruhe sowie der zentrale Blutdruck und die Elastizität der Gefäße der Gefäße mittels Pulswellenanalyse bestimmt und miteinander verglichen(Taaffe, Galvao, Sharman & Coombers, 2007, S. 96-97).

Die Studie ergab, dass der zentrale als auch der periphere Blutdruck durch das Training signifikant (durchschnittlich systolisch um 5 mmHg sowie diastolisch um 3 mmHg) reduziert werden konnte. Hinsichtlich der Elastizität der Gefäße und Veränderung der Herzfrequenz in Ruhe konnten keine signifikanten Veränderungen durch das 20 wöchige Training nachgewiesen werden (Taaffe, Galvao, Sharman & Coombers, 2007, S. 98).

6 Literaturverzeichnis

Cortez-Cooper, M. Y., DeVan, A. E., Anton, M. M., Farrar, R. P., Beckwith, K. A., Todd, J. S. & Tanaka, H. (2005). Effects of High Intensity Resistance Training on Arterial Stiffness and Wafe Reflection in Women*. *American Journal of Hypertension*, 18 (7). 930-934. Zugriff am 05.11.2014 unter http://www.researchgate.net/profile/Allison_DeVan/publication/7691808_Effects_of _high_intensity_resistance_training_on_arterial_stiffness_and_wave_reflection_in_ women/links/02e7e51a4cc41a2c24000000

Eifler, C. (2014). *Studienbrief Trainingslehre I – Gesundheitsorientiertes Krafttraining*. Saarbrücken: Deutsche Hochschule für Prävention und Gesunheitsmanagement.

Freiwald, J. (1991). *Aufwärmen Im Sport. Übungen für Vorbereitung und Cool down*. Reinbeck: Rowohlt.

Fröhlich, M. (2014). Krafttraining. In H.-D. Kempf (Hrsg.), Funktionelles Training mit Handund Kleingeräten (S. 3-12). Berlin Heidelberg: Springer.

Fröhlich, M., & Schmidtbleicher, D. (2008). Trainingshäufigkeit im Krafttraining – ein metaanalytischer Zugang. *Deutsche Zeitschrift für Sportmedizin*, 59 (2), 4-12.

Gottlob, A. (2013). *Differenziertes Krafttraining mit Schwerpunkt Wirbelsäule*. (4., komplett überarbeitete Aufl.). München: Urban & Fischer.

Güllich, A. & Krüger, M. (2013). *Sport. Das Lehrbuch für das Sportstudium*. Berlin Heidelberg: Springer.

Herold, G. (2013). *Innere Medizin. Eine vorlesungsorientierte Darstellung*. Ausgabe 2013. Köln: Herold.

Höltke, V. (2003). *Grundlagen und Prinzipien des sportlichen Trainings*. Lüdenscheid-Hellersen: ebook. Zugriff am 06.11.14 unter http://www.sportmedizin-hellersen.de/dfs/Buch_Trainingslehre_11_2003.pdf

Israel, S. & Fikenzer, S. (2013). *Studienbrief Medizinische Grundlagen*. Saarbrücken: Deutsche Hochschule für Prävention und Gesundheitsmanagement.

Leinmüller, R. (2009). Rückenschmerzen. Der größte Teil ist myofaszial bedingt. *Deutsches Ärzteblatt,* 105, 31-32. Zugriff am 06.11.2014 unter http://www.aerzteblatt.de/archiv/61058/Rueckenschmerzen-Der-groesste-Teil-ist-myofaszial-bedingt

Luppa, D. (2014). *Studienbrief Ernährung I.* Saarbrücken: Deutsche Hochschule für Prävention und Gesundheitsmanagement.

Martin, D., Carl, K. & Lehnertz, K. (1993). *Handbuch Trainingslehre* (2. Aufl.). Schorndorf: Hofmann.

Pauls, J. (2011). *Krafttraining: die 100 Prinzipien. Handbuch für Trainer, Betreuer und Athleten.* München: Stiebner.

Rometsch, L. (2010). *Krafttraining zur Gewichtsreduktion. Prävention und Therapie von Übergewicht und Adipositas. Eine Studie mit übergewichtigen Trainingsanfängern.* Hamburg: Diplomica.

Röthig, P. (1983). *Sportwissenschaftliches Lexikon* (5. Aufl.). Schorndorf: Karl Hoffmann.

Schlumberger, A. & Schmidtbleicher, D. (2000). *Grundlagen der Kraftdiagnostik in Prävention und Rehabilitation. Manuelle Medizin* (38 Vol.). Berlin Heidelberg: Springer.

Schünke, M., Schulte, E., Schumacher, U., Voll, M. & Wesker, K. (2004). *Prometheus. Lernatlas der Anatomie. Allgemeine Anatomie und Bewegungssystem.* Stuttgart: Thieme.

Schneider, T., Wolcke, B. & Böhmer, R. (2010). *Taschenatlas Notfall & Rettungsmedizin* (4. Aufl.). Berlin Heidelberg: Springer.

Strack, A. & Eifler, C. (2005). The individual lifting performance method (ILP) – a practical method for fitness – and recreational strenght training. In J. Gießing, M. Fröhlich & P. Preuss (Hrsg.), *Current Results of Strenght Training Research – An empirical and theoretical Approach* (S. 153 – 163). Göttingen: Cuvillier.

Taaffee, D. R., Galvao, D. A., Sharman, J. E. & Coombers, J. S. (2007). Reduced central bloodpressure in older adults following progressive resistance training. *Journal of Human Hypertension,* 21 (1). 96-98. Zugriff am 05.11.2014 unter http://www.nature.com/jhh/journal/v21/n1/full/1002115a.html

Von Victor, R. O. (1973). *Physikalische Medizin und Rehabilitation bei Hypertonie* (37 Vol.). Darmstadt: Steinkopff.

Zwick, H. (2007). *Bewegung als Therapie. Gezielte Schritte zum Wohlbefinden* (2., erweiterte Aufl.). Wien: Springer.

7 Tabellenverzeichnis